Gute Geschichten bessern die Welt.

Hersteller / Manufacturer (GPSR)
Storylution GmbH, Biberstraße 5, 1010 Vienna, Austria
E-Mail: story.one@story.one

Brigitte Hieber

Waldwegwelten

story.one – Life is a story

schreib's auf
story.one

1. Auflage 2022

Herstellung, Gestaltung und Konzeption:
Verlag story.one publishing - www.story.one
Eine Marke der Storylution GmbH

Gesetzt aus Crimson Text und Lato.

Printed in the European Union.

ISBN: 978-3-7108-0498-4

Es gibt einen Weg im südöstlichen Zipfel des Schwäbischen Waldes. Es ist „unser Weg“. Immer derselbe, nie der gleiche. Ihm widme ich diese Geschichten. Jeder Weg ist solch ein Ort des Seins und des Übergangs in etwas Anderes.

INHALT

Einfach so

März – April 2020

Die Fichtenstämmchen mit den waagrecht abstehenden, moos- und flechtenüberzogenen Ästen sehen aus wie eine Versammlung grüner Wesen. Ich hebe zwei Stecken vom Boden auf und lege sie als Torbögen quer zwischen drei nebeneinanderstehende Fichten. Das ist „Der Eingang zu den grünen Wesen“. In der Nähe schichtet mein Mann Stein auf Stein zu einer „Natursteinsäule“. Wir machen Land-Art.

Das ist unser Corona Projekt. Es war nicht so geplant gewesen. Anfänglich. Es begann im März: Lockdown. Corona. Fordert. Abstand. Wir weichen aus in den Wald.

Eines Abends gehen wir ein Stück weit einen Forstweg entlang, der im weiteren Verlauf hinunter ins Tal der Lein führt, wie unzählige andere. Er liegt einsam da. Wir lauschen. Eine ungewöhnliche Ruhe. Kein Motorenlärm, nur Vogelgezwitscher, ein Specht. Verwundert stelle ich fest: „Diese Welt gibt es noch.“

„Komm, lass uns ab jetzt nur noch diesen Weg gehen."

Ja, immer denselben Weg. Das schafft Verlässlichkeit. Innere Ruhe. Erdet uns in einer Zeit, die uns mit Zahlen, Bildern und Nachrichten überrollt und verunsichert. Hier auf dem Weg herrscht Meinungsfreiheit im wahrsten Sinne des Wortes. Wir sind frei von Meinungen, es spricht die Natur.

„Komm, lass uns jedes Mal Land-Art machen, Land-Art im Kleinen." Das war Anfang April.

Ja, wir feiern die Erde. Was liegt da auf dem Boden? Was spricht mich an? Ein Stück Holz, ein Blatt, ein geäderter Stein. Was kombiniere ich? Wenige Minuten dauert das. Spontan, intuitiv, mit Freude und Zufall, ohne Anspruch. Eine Gestalt ist entstanden. Klein, fragil, groß, stabil, schwerelos, kühn, auffällig, diskret, direkt am Weg oder abseits. Einfach so. Aus dem Moment heraus. Gemacht für den Moment.

Es ist jetzt Ende April. Auf einer Länge von gut einem Kilometer beleben über 30 Werke unseren Weg: Herr Dreibein, Bachweiser, Hoffnungsschirmchen, Luftiges Bett, 's Spechtle ...

Bei jedem Spaziergang freuen wir uns auf liebe alte Bekannte. Wir sind neugierig: Wer, was ist noch da? Einige hat wohl der Wind umgeworfen oder ein Hase hat sie gestreift. Manche bauen wir wieder auf, andere lassen wir liegen, unvollkommen, einfach so. Ein persönliches Unterfangen, unbemerkt, dabei so offen.

Interessanterweise bevölkert sich der Weg mittlerweile auch mit Menschen. Lange niemand, dann ein Einzelner, dann ein Grüppchen. Vater mit Sohn. Familie mit Äffchen. Jemand winkt aus einem Jeep. Der Radfahrer, ist es derselbe? Ein Hund, der meinen Stecken beschnüffeln will. „Das ist nicht deiner", lacht sein Frauchen; der Satz wird mein nächster Titel. Wir grüßen alle freundlich. Der Weg ist mindestens drei Meter breit.

„Komm, lass uns das weitermachen, bis Corona vorbei ist." Bald ist Mai. Dann Sommer …

Ja. Was wird das mit dem Weg machen, mit uns, mit unseren Begegnungen, mit Raum und Zeit?

Der Specht

Anfang Mai 2020

Fast täglich gehen wir unseren Weg, meistens abends.

Fast immer hören wir einen Specht klopfen. Es fällt uns auf, wenn wir keinen hören.

Sobald wir den Wald betreten, klopft es. Das Klopfen ist wie eine Begrüßung. So erleben wir das.

Vielleicht fühlt sich der Specht aber durch uns gestört. So wie der Eichelhäher, der die Waldbewohner lautstark vor uns warnt. Vielleicht sucht der Specht einfach nur Futter, wie es seiner Natur entspricht. Baut seine Höhle aus. Will einem Weibchen imponieren, einen Rivalen vertreiben. Wie selbstverständlich gehen wir davon aus, dass es ein Er ist.

Ab und zu hören wir das vertraute Klopfen erst auf dem Rückweg. Wir sind beruhigt.

Selten, sehr selten hören wir gar kein Klopfen. Das ist so ungewöhnlich, dass wir uns sorgen, ob der Specht noch lebt. Oder uns fragen, ob wir ein bisschen früher oder später als üblich auf unserer Waldwegroute sind. Oder ob er mit seiner neuen Spechtfamilie beschäftigt ist. Oder ob er das Revier gewechselt hat. Tut ein Specht so etwas?

Ein Vogelkenner, besonders ein Spechtkenner, würde wahrscheinlich den Kopf schütteln, würde er unsere laienhaften Überlegungen mitanhören. Obwohl sich mein Mann in der Natur durchaus auskennt, sagt selbst er manchmal nur: „Hmm."

Heute ist so ein Tag ohne Begrüßung. Kein Klopfen, als wir losgehen. Dafür sind eigentümliche Geräusche zu hören, als wir zu der Stelle kommen, wo wir uns regelmäßig länger aufhalten. Zu dem Zeitpunkt wissen wir noch nicht, dass es sich um „unseren" Specht handelt.

Da schwirrt etwas aufgeregt quietschend durch die Luft. „Quietschen" nenne ich es mangels besserer Wörter, denn von einem Vogel erwartet man kein Quietschen. Und es war unerwartet. Ein Ton, den ich so noch niemals gehört habe. Wir schauen nach oben. Soeben landet ein

Vogel auf einem kahlen Ast, sodass wir ihn gut sehen können. Und er fängt an zu klopfen.

Da ist er ja. Der Specht. Unser Specht.

Doch bevor ich den Fotoapparat herausholen kann, nimmt er quietschend Reißaus und entkommt in die benachbarte Laubkrone.

Möglicherweise spielt er mit uns.

Möglicherweise kennt er uns.

Möglicherweise nimmt er Kontakt auf.

Möglicherweise wird er langsam zutraulich.

Möglicherweise begrüßt er uns wirklich.

„Ist das überhaupt immer derselbe?“, mögen Skeptiker einwenden.

„Spielt das eine Rolle?“, würden wir dagegenhalten.

Spazierdenken

Ende Mai 2020

„Ich hätte nicht gedacht, dass wir dranbleiben“, sage ich.

„Es ist schön hier“, sagt mein Mann.

Ich bin gedanklich noch beim Dranbleiben. DURCHHALTEN. Eine Geschichte mit diesem Titel ist beinahe fertig. In mir beginnt es zu schreiben: ‚Nach wie vor warte ich auf die …‘

„… Fällarbeiten“, sagt er. „Da lagern Stämme.“

Das bedeutet, auch etliche unserer Werke sind zerschleift, zertrampelt, zerstört. Verwüstung. Verwütung. Na gut, es ist schließlich ein Forstweg. Die Werkchen sind inkognito hier und ohnehin nicht für die Ewigkeit gemacht. Also, Gras drüber, weiterbauen.

Weiterradeln, immer weiter, denke ich. Ja, die neue Geschichte werde ich HYMNE AN DEN FLUSS nennen. Die Flüsse alphabetisch ordnen, Iller, Inn …

„Wo bist du gerade?“, fragt er.

„... Isar ... muss noch reifen.“

„Die Distel ist immer noch nicht so groß wie du“, sagt er.

Zum üblichen Größenvergleich stelle ich mich neben das lila Wunder.

„Noch ein paar Zentimeter und ein paar Tage“, sage ich.

Wir sammeln Fundstücke. Hier an dieser Stelle, auf diesem pflanzenartenreichen Areal. Die Exponate häufen sich hier. Ein regelrechter „Installationsspot“, so habe ich ihn getauft.

Eine Krähe schimpft.

„Warum schimpft die?“, frage ich.

„Deshalb“, sagt er und deutet nach oben zu einem Bussard.

Oben wohnt die WOLKENSCHIEBERIN. Sie möchte, dass ihre Kunst endlich anerkannt wird. Geschichten über sie gibt es so manche ...

„Na dann“, sagt er. „Legen wir los.“

Ein Segen, dass der Wald Schatten bietet.

‚Sanftheit übernimmt die Führung.‘ Die REGENFRAU mischt sich ein, will berichten. ‚Die Sonne greift an. Scharfkantige …‘

„Guck mal, die gelben Blumen“, sagt er.

Scheinbar unscheinbare Blümchen bestrahlen den Waldboden. Wie Gesichter. Wie kleine Sonnen, aber angenehme.

„Heute haben wir lange gebraucht. Hast Du eine Geschichte fertig?“

„Ich weiß nicht, welche das Rennen macht.“

Wir kehren um. Schritt für Schritt geht es bergauf. Wir treten aus dem Wald, hinein in die Sonne. Ich ziehe meine Kappe ins Gesicht und …

Die Beifahrertür öffnet sich.

Ein Milan kreist über dem tief gefurchten Kartoffelacker.

Nichts Besonderes

Freitag, 19. Juni 2020

Endlich. Ich hole tief Luft und trinke die Waldwürze. Unser Weg führt leicht bergab, noch sonnenbeschienen. Doch rasch erreichen wir den Schattentunnel und das ersehnte Eintauchen kann beginnen.

„Komisch, dass mir das genügt“, sage ich. „Ich will nichts Besonderes mehr. Nur noch diesen Weg.“

Dir geht es genauso. Schweigend gehen wir weiter. Mein Blick ist, wie so oft, auf den Boden gerichtet. Ich denke an nichts. Ein Geräusch neben mir lässt mich aufschrecken. Am Rand des Weges sehe ich ein junges Reh aufspringen und hangabwärts im Gebüsch verschwinden.

„Komisch, dass es nicht früher auf und davon ist.“

„Wir waren nicht in Eile.“

„Es hat einen Haken geschlagen wie ein Hase.

Und hatte fast die gleiche Farbe wie der Turmfalke neulich. Dabei wollte ich doch gar nichts Besonderes."

„Brigitte, da!" Du hältst mich am Arm fest. Von unten kommt ein Hase angehoppelt, angaloppiert, schnurstracks auf uns zu. Abrupt bleibt er stehen, wenige Meter entfernt, mitten auf dem Weg. Dreht sich zur Seite, setzt sich. Was für ein Profil.

„Wie eine Statue", flüsterst du.

„Ein Gemälde", flüstere ich.

Aber mit dem uns zugewandten Auge hat er uns genau im Visier. So verharren wir zu dritt eine ganze Weile. Er sitzt. Wir stehen. Dann hat er offensichtlich eine Entscheidung getroffen, denn er galoppiert schnurstracks zurück. Verblüfft schauen wir uns an.

„Nichts Besonderes." Ich muss lachen. „Wer weiß, wer uns heimlich so alles begleitet."

Wir gehen den Weg hinunter zu unserem Areal. Eine schlangenartig gewellte Borke erkläre ich zur „Elfenrutsche". Ein spiralig verdrehter Ast bekommt den Platz neben der Distel, du nennst die beiden „Ein Paar“.

Ich habe den Eindruck, dass die Vögel heute lauter singen als sonst. Die Luft war nach dem Regen wie reingewaschen. Kann das den Klang beeinflussen?

Zurück in der Sonne. Du deutest mit dem Finger nach vorn: „Ein Rüttelfalke.“ Wahrhaftig, über der Wiese steht ein Vogel rüttelnd in der Luft.

„Der sieht aus wie der Turmfalke“, sage ich. Und erfahre, dass das dasselbe ist. Und prompt dreht er Richtung Felder ab, der Rüttel-Turm-Falke.

Jetzt zücke ich doch mein Notizbuch, notiere: ‚Wo Rehe Haken schlagen, Hasen galoppieren, Falken rütteln und …‘ – und stutze.

„Du, Helmut, dein Paar ist das 100. Werk.“

Was für ein besonderer Tag. Mit sehr besonderen Besuchern. Daher widme ich diesem Weg an diesem Tag diese Geschichte.

Mordstheater

Juli – August 2020

„Sind die von der Polizei?“ – „Mit dem Fahrrad?“

Da sind zwei an dem Schild zugange, genauer gesagt, an dem schiefen Pfosten mit dem fehlenden Schild, das „Durchfahrt verboten“ anzeigen sollte. Es fehlt seit … auf jeden Fall schon lange. Nur die Hinweistafel „Forst- und landwirtschaftlicher Verkehr frei“ hängt noch. Langsam, quasi undercover, fahren wir mit dem Auto an ihnen vorbei, noch zehn Meter bis zu unserem auserwählten Parkplatz, näher am Waldrand.

Sie nehmen keine Notiz von uns. Wir atmen auf und gehen unseres Weges. Doch diesmal bleibt der beruhigende Effekt aus. Das Eintauchen gleicht eher einem Abtauchen in ein dämpfiges Tal. Wie bereits öfter in diesem Sommer. Für mich ein Tief im Hochsommer.

„Schau dir das an“, sagst du. Macken in den Fichten, abgescheuerte Rinde. Wohl unvermeidlich beim Abtransport der am Wege gelagerten Stämme.

„Abtransport? Ein abermaliger Anschlag auf unsere Werke?“, witzle ich.

Unser Waldweg – ein Tatort?

Unlängst hatte es wiederum eine groß angelegte Aktion gegeben, sozusagen eine unwissentlich erfolgte Kunstschätzevernichtungsaktion. Die Wegränder waren von Maschinen gemäht worden. Abrasiert. Mit ihnen viele unserer kleinen, inzwischen grasüberwachsenen Werke, unvermeidlich. Freilich hatte es auch einen Feder-Raub gegeben, von Menschenhand herausgerissen aus unserem mit Gebinden versehenen Schilfwald. Und rasende Radler hatten unser Wegerecht missachtet.

Aufgrund dieser Vorkommnisse hatten wir beschlossen, ausnahmslos abseits und geschickt getarnt zu arbeiten. Im Unterzwischenholz.

Aber wir hatten die Rechnung ohne die mörderische Hitze und ihre hinterhältigen, mit Stechrüsseln bewaffneten Komplizinnen gemacht. Wenn du sie surren hörst, ist es zu spät. Sie stechen dich zwar nicht ab, aber sie stechen zu, saugen dein Blut. Nicht einmal durch Regentropfen, mit denen du sie in Notwehr bewirfst, ist ihnen beizukommen, weil sie dank ihrer geringen Masse Zusammenstöße mit solchen überleben. Das ist erwiesen.

Sogar die Himmel hatten geblutet, hauptsächlich bei untergehender Sonne. Und wir waren Zeugen geworden von Pfeile schießenden Wolken.

Und der Wald, unser Verbündeter? Er hatte vor Entsetzen geschwiegen. Seit Ende Juli kaum mehr Vogelgezwitscher.

Heute verzeichnen wir jedoch keine weitere Werk-Beschädigung. Vor allem Werke, die in den Zweigen positioniert sind, leisten Widerstand.

Oben am Weg steht der Pfosten nun aufrecht. Die beiden Freizeitsportler haben ihn wiederaufgerichtet, den sturmgebeutelten. Allerdings so gedreht, dass die Hinweistafel von vorn nicht mehr zu lesen ist. Schräge Vögel. Ob wir in Zukunft in stiller Übereinkunft…?

Die stille Zeit

August – September 2020

Ich mochte diese stille Zeit nie. Damit meine ich nicht jene Zeit zwischen den Jahren, die eine eigene Qualität hat, eine Stille, die Balsam für mich ist. Nein, ich spreche von der stillen Zeit im August, wenn der Wald verstummt.

Natürlich, die ersten Vögel haben sich aufgemacht zu ihrem langen Flug. Für die hiergebliebenen sind Brautwerbung und Brutzeit vorüber und auf den Feldern außerhalb des Waldes finden sie bestimmt mehr Nahrung. Selbst das Krächzen und Zetern der Rabenvögel scheint abzunehmen. Seit Anfang September beobachte ich, wie sie sich auf den Stromleitungen zu schwarzen Schnüren sammeln, wie Neuankömmlinge mit atemberaubender Sicherheit beim Anflug just die Lücke erspähen, in der sie landen können.

Ich mochte diese stille Zeit nie. Sie ist ohne klaren Anfang, ohne klares Ende. Der Wald wirkt tot. Fahl die Farben. Kein frisches Grün in der monoton dunkelgrünen Wand.

Doch dieses Jahr ist es anders. Wir waren zum Rückzug gezwungen, der abendliche Weg wurde zum sicheren Boden in einer unsicheren Zeit.

Sicher, es ist still im Wald. Doppelt still, da auch das nahe Dröhnen der Erntemaschinen entfällt. Dreifach still, da nicht durch unsere Urlaubsaktivität überlagert, durch eine mehrwöchige Radtour, wo es uns jeden Tag weiterzieht, mit ständig neuen Zielen vor Augen. Wir stellen uns der Stille des Waldes.

Dieses Jahr ist es anders. Wir sind aufmerksamer geworden.

Hören genauer hin. Heute macht sich ein langgezogenes Zirpen breit, macht sich vordergründig. Darüber hüpfen noch vereinzelte, voneinander unterscheidbare Vogelstimmen.

„Kein Vogel-, dafür ein Grillenkonzert", sage ich.

Du hörst es nicht. Erst nach mehreren Versuchen, wobei du wie bei einer Kippfigur zwischen den Vogelstimmen und den Grillen hin- und herschaltest. Kippklang.

„Es sind Grashüpfer", sagst du.

Auch die Farben erfordern einen zweiten Blick. Sicher, es gibt keine frischen Blattknospen mehr. Dafür besticht die zweite Distelgeneration mit kräftiggrünen Büscheln.

Wir sehen mannigfache Graubraunweißschattierungen an vertrockneten Kelchen und Kapseln, die ihr Gepfluder und Gekringel entlassen. Mit diesen eigenwilligen Gebilden behängen wir die Bäume: „Stille Zeit".

Der laute Ruf eines Greifvogels begleitet uns hinaus aus dem Wald. Und in den Ohren pfeift der Wind. Nur die Wolkenschichten verschieben sich – scheinbar – lautlos gegeneinander.

Ein beißender Geruch steigt uns in die Nase. Das Zwiebelfeld am Weg ist frisch abgeerntet.

Diese stille Zeit – eine Zeit der Sinne.

Herbstland

Dienstag, 13. Oktober 2020

Nanu, der kleine gescheckte Hund, der sich für ein Auto hält, kommt uns heute gar nicht entgegen. Der, der vermutlich zu dem großen Bauernhof außerhalb des Dorfes gehört. Was der Grund dafür sein mag, warum sich der Kleine so groß dünkt. Wie dem auch sei, er hat die verrückte Angewohnheit, unvermittelt um die Kurve zu schießen, mitten auf der Straße, so rasant, dass die Ohren schier abheben und uns ein Abbremsen angeraten scheint. Heute ist wohl nicht sein Wetter.

Es ist nasskalt geworden. Über eine Woche waren wir deshalb nicht mehr auf unserem Weg. Außerdem hat man ihm den letzten Charme geraubt, den er als Forstweg noch annähernd besessen hatte: Er ist asphaltiert worden. Zum Glück nur die oberen Meter. Dennoch, mit den Bauarbeiten sind wiederum einzelne Werke verschüttgegangen.

Ein Stück Asphalt also. Im spärlichen Spätnachmittagslicht glänzt die schwarznasse Fläche fast magisch. Regenrinnsale vereinen sich zu Wasserstraßen, auf denen gelbe Ahornblattboote hinabgleiten.

Wir gehen nicht weit, schwenken nach links in einen schmalen Pfad. Unmittelbar hinter der Gabelung hat sich eine Werke-Gemeinschaft angesiedelt: die „Erdfühler", die „Baumkoralle" und in unserer Geschichtenecke die „Reisegruppe mit Igel". Ein querliegender Ast als Zug beherbergt den Igel, der nach und nach Gesellschaft bekommen hat durch Mitreisende und blinde Passagiere. Nun kommt eine „Tannenzweigbedachung" hinzu.

„Wenn die Zeit Anlauf nimmt für die Umkehr …", hören wir eine Stimme.

„… und wo der Tag seinen Mantel enger zieht, die Dämmerstunden sich ausdehnen und die Nacht sich ihr weites Reich zurückerobert, …"

Wer spricht da? Ich tippe auf den Igel. Doch der blickt ungerührt geradeaus.

„… beginnt mein Land, das Herbstland."

Da lugt er zwischen den Reisenden hervor, fast schelmisch: Natürlich, der Magier des Herbstlandes. Wir wissen, dass er eine Schwäche für Geschichten hat. Da sitzt er gern mittendrin.

Er geleitet uns hinaus ins Offene, schwingt seinen Abendmantel über den Himmel und lässt uns einen Blick auf die Wolkenschieberin erhaschen. Sie blinzelt uns zu. Wir wissen, wie lange sie sich schon um die Anerkennung ihrer Wolkenauftürmkunst bemüht. Den ganzen Sommer war sie über die blauen Himmel gefegt, zusammen mit ihrem Gefährten Windwindwind, stets auf der Jagd nach hauchigen Wolkenfetzchen. Anstupsen, herbeirollen, zusammenschieben ...

Verjüngt und angefüllt mit frischen Bildern fahren wir Richtung Dorf.

„Vorsicht, der Hund!"

Zumindest sitzt er. Wir fahren Schritttempo. Sitzt am Straßenrand. Guckt uns groß an: Was wollt ihr hier? Das ist meine Straße.

Da heute ein verwunschener Tag ist: Womöglich mag er uns.

Blattwerk

Vernissage, 2. November 2020

Der Weg ruft. Wir müssen hin. Walddinge sammeln. Walddinge kombinieren. Land-Art machen. Die Hände verbinden mit Vorstellungskraft.

Raschelnd stapfen wir durch das Laub bis zur Waldpforte.

„Der Wald macht ziemlich Krach“, sage ich und meine nicht das Rascheln.

„Das sind fallende Blätter.“

So laut? In der Tat: Da schweben dicke, große Blätter herunter, streifen geräuschvoll durchs Geäst. Warum kommt mir dabei „Krach“ in den Sinn? Vor Kurzem hatten wir einen Krach hier. Macht sich der Wald über uns lustig? Oder fühle ich mich dem Wald so verbunden, dass ich in meiner Wortwahl nicht mehr zwischen Mensch und Natur unterscheide? Denn seit rund acht Monaten haben wir mit dem Wald eine gemeinsame Geschichte.

Die Blätter bleiben in den nackten Zweigen hängen, als Kunstwerke, die gesehen werden wollen. Ein „Giftgrüner Kreis auf gelbem Grund" landet auf einer Astgabel und zeigt seine Pracht. Der Ahorn ist ein erfahrener Maler, er punktet und sprenkelt. Er lockt.

Der Wald macht Kunst. WaldArt. Eintritt frei.

Die Eiche lässt gelbe, grüne und schwarze Aquarellfarben ineinanderfließen.

Die Buche ist experimentierfreudig. Auf dem einen Blattwerk prangt eine Inschrift, eine mysteriöse Botschaft in Hieroglyphen, eingebrannt durch Verwesungslinien. In das andere Blatt stanzt sie Löcher, damit Lichter hindurchblinken.

Die Birke liebt die Bildhauerei. Ein letztes bizarres braunes Blättchen behauptet seine Stellung am Zweig. Ein Skulptürchen des Trotzes.

Bahnbrechend die Brombeere: Feuerrote Blutflecken stechen aus saftigem Grün.

Die Gewöhnliche Pestwurz erstrahlt in modriger Noblesse.

Der Farn präsentiert seine wüstenfarbene Kollektion mit Fächern aus gekräuselter Spitze.

Die Mistel entwirft formvollendete Ringe, die sie über die Astfinger streift.

Auch der Waldboden beteiligt sich mit aufsehenerregenden Installationen: Nasse Oberflächen reflektieren Fliegenpilzrot.

Und wie im Kino rangeln sich die knalligbunten Blätter der Hain- und Rotbuchen um die Plätze in der ersten Reihe.

Wer inspiriert hier wen? Wir nehmen Walddinge in die Hand und beginnen …

Genüsslich raschelnd stapfen wir aus dem Wald wieder hinaus – und halten inne: Die Blätter stehen in Flammen. Sind das nicht ohnehin der Blätter ursprüngliche Farben, denke ich.

Zu Hause tänzelt der Ginkgo im Gelbeblätterfunkenreigen.

Novembermai

November 2020

Sie explodiert ein letztes Mal. In Fülle und Farben. Die Natur in diesem November. Er beschert uns Wärme und Sonne vermischt mit Regen und tunkt die Landschaft in ein schottisches Grün, denn aus den braunen Äckern sprießt es, sie sind übersät mit Gräsern im Nu, bekleckst mit Blau und Gelb, mit Büschelschön und Raps, mit kessen Sonnenblumenblüten. Krächzen nicht auch die Krähen lauter?

Allüberall ein Aufgrünen, Aufblühen, Aufbäumen, Aufzwitschern, das sich gebärdet wie der aufbrechende Frühling. Nur unter umgekehrten Vorzeichen. Novembermai.

Auch auf unserem Waldweg ist derzeit viel Betrieb. Als würde Hektik ausbrechen, schnell, schnell, bevor der Winterschlaf einsetzt. So auch heute:

Zwei Mopeds knattern von unten herauf, in voller Pferde- und Gestanks-Stärke, grinsend winkende Jungs. Es folgt ein blendend weißes, unverschämt breites Auto.

Nahezu synchron, ein Getrappel von oben. Ein Zeitsprung: die gute alte Pferdekutsche. Gezogen von zwei strammen Rössern, mit zwei Frauen auf dem Kutschbock. Zwischen den beiden ragt ein Stab mit Lampe auf. Für moderne Nachtfahrten?

Da kommt uns ein Traktor samt Anhänger entgegen, beladen mit Totholz. Und ehe wir uns versehen, hat er seinen Kurs geändert und kehrt zurück, mit exakt derselben Fuhre wie vorhin.

Und nun hören wir ihn ganz deutlich, den Kommentar der Spottdrossel.

Genau. Wir sammeln Stecken mit aufstrebenden Zweigspitzen, stecken sie verkehrt herum in die Erde, sodass die Spitzen nach unten zeigen, und betiteln dieses Werk „Garderobenhaken für fallende Zwergengewänder".

Was passiert denn dort oben? Zwei Männer mit Teleskopstangen machen sich am Astwerk zu schaffen. Wir vermuten Forstleute. Es handle sich um Geocaching, werden wir aufgeklärt. Die

Spieler registrieren sich online und machen mithilfe von Koordinaten die in den Bäumen versteckten Metalldosen, die Caches, ausfindig. Eine Art moderne Schnitzeljagd, bei der man sich sozusagen seinen elektronischen Pilgerstempel abholt? Die Männer lachen.

Tatsächlich entdecken wir an einem Ast der Pappel eine solche Metalldose. Sie baumelt am einen Ende eines Drahtes, am anderen hängt zum Ausgleich ein Holzstück.

Der Wald geht heutzutage online. Und wir gehen weiter. Spazieren. Oldschool.

Und siehe da, zwei Spaziergängerinnen kommen den Weg herauf auf uns zu, gemächlich. Eine von ihnen erkennt mich sofort. Ich freue mich. Es ist Anne, eine frühere Schulkameradin, langjährige Nebensitzerin. Mit Leichtigkeit sind fünfzig Jahre überbrückt. Und sie will sich meine Storys anschauen, online.

Novembermai. Zeit der Gegenpole. Und der Begegnungen.

Leere Tage

Vorweihnachtszeit, Dezember 2020

In der Nacht zum Dienstag, dem 1. Dezember, kündigte er die leeren Tage an, die ich so liebe. Hatte er nachts noch zaghaft als Graupel an die Scheiben geklopft, hatte er gegen Morgen schon unerschrocken rieselnd alles weiß eingepackt –

der erste Schnee.

Leere Tage sind nicht unbedingt stille, geschweige denn melancholische Tage. Es sind Tage, in denen die Welt nicht existiert, sie also nichts von mir erwartet, mich zu mir selbst entlässt. Tage, die mich einhüllen in ein wärmendes Tuch, in Schokolade und Kaffee, unsichtbar geborgen auf diesem Planeten.

Schon als Kind liebte ich sie, besonders die leeren Sonntage. Ich konnte nicht verstehen, warum man sie langweilig fand. Da konnte ich mich zu Hause einigeln, lesen, „Flipper“ und „Augsburger Puppenkiste“ gucken, sogar lernen war behaglich. Lediglich der Aufruf „Wir gehen spazieren!" störte. Aufregend dagegen war das Herumkutschieren über die romantisch-idyllischen Straßen. In Vaters flugkörperähnlichem Gefährt namens Arabella, das in den Kurven kreischte und ein Traum in Grelllila war.

Bald sollte ich das Querfeldein-Elixier für mich entdecken. Herausfinden, wie sehr ich das Umherstreifen in der Natur genieße, allein mit mir. Jetzt mit dir. Und ausgerechnet in dieser winterlichen Natur, die sich unter Decken und hinter Schleier zurückzieht, hält dieses unvergleichlich wohlige Gefühl der Leere Einzug.

Der erste Schnee pünktlich zum Ersten –

und es zieht uns hinaus in die Neue Welt, wir werden zu Pionieren auf altbekannten Wegen. Das Auto rumpelt über schneeklumpige Landsträßchen. Traktorspuren verlaufen sich in Schleifen auf schneebedeckten Wiesen. Unser Waldweg versinkt im Tiefschnee. Nur eine einzige menschliche Spur führt hindurch. Den Fußstapfen zu folgen, erweist sich als beschwerlich, denn da ging ein Riese mit einer Schrittlänge von einem Meter zwanzig.

Und unaufhörlich schneit es weiter. Von ferne dringt nichts zu uns durch, die Welt lässt uns in Frieden. Aber der Wald ist nicht still. Die Schneeflocken machen zart-knisternde Geräusche, wenn sie auf dem Schnee der Erde auftreffen. Sie hinterlassen löchrige Muster.

Die „Reisegruppe mit Igel" trägt weiße Mützen, die Sonnenschirmblätter des Sommers schlackern. Der Igel bekommt Pantoffeln aus Moos.

Am Sonntag darauf ist unser Weg in Nebel eingehüllt. Der Schnee ist harsch und knirscht unter den Sohlen. Auf den Blättern schmelzen die Schneekristalle, von den Ästen tropft es.

Heute, am 3. Advent, empfängt uns Tauwetter. Und unser Weg empfängt uns mit einem Tosen. Der Bach in der Tiefe ist angeschwollen und plötzlich hörbar. In den Bäumen liegt verhaltenes Gezwitscher. Und aus der Höhe knarzt prahlerisch ein Krah-Krah.

Leere Tage – ein bisschen wie Weihnachten, das ganze Jahr über.

Waldleuchten

25. Dezember 2020 – 6. Januar 2021

Wir gehen das Leuchten suchen.

Seit Tagen wirkt die Welt trostlos und öde, wenig einladend. Hie und da ein verirrter Gast: eine einsam dahintreibende Schneeflocke, ein verwaist herumliegender Sonnenfleck. Allbeherrschend die graue Wolkendecke. Immerhin fallen Tropfen. Zögerlich zuerst …

Die Raunächte haben begonnen. Der Spalt zwischen den Jahren tut sich auf. Tag für Tag gehen wir unseren Weg durch den Wald.

Und finden das Leuchten.

Gleich oben am Weg entspringt der Bach. Die Quelle verbirgt sich normalerweise im Gestrüpp, jetzt ist sie sichtbar. Tief unten hüpft das Wasser über die Kiesel und schleudert silbrige Blitze herauf.

Rostrotgrünes Regenleuchten erwartet uns am Eingang des Waldes. Dort reckt eine riesige

Buche ihre exzentrisch geformten Äste gen Himmel. Die Nässe färbt die Wetterseite ihres Stammes überirdisch grün und ihre überlebensgewillten Blätter intensiv rostrot. Die niedrigeren Bäume umringen die Buche in gebührender Entfernung. Gar in Ehrfurcht?

Das Regenleuchten setzt sich im Innern fort. Der Boden des Hanges ist mit Moosen bedeckt, im satten Grün hängen winzige Lampions in Rostorange. Denn auch hier behaupten sich letzte Blättchen an jungen Buchen. Und in kühleren Ecken sind die Ränder der Blättchen mit glitzernden Eisnadeln überzogen.

Ich klettere den Hang hinauf und hinunter, halte die Bilder fest. Die Buchenblätter im Winter sind meine Helden, unverzagt, einfallsreich und rebellisch.

Einen bronze-goldfarbenen Glanz verbreiten selbst die verwelkten Buchenblattbüschel auf längst abgeschlagenen Ästen.

Wir sind guten Mutes. Zwischen den Fichten nimmt unsere „Bogen-Lichtung“ mehr und mehr Gestalt an. Du konstruierst eine „Jurte wider die Unwirtlichkeit“. Ich biege uns ein „Tor in die

Neue Zeit".

Auf dem Rückweg nehmen wir die riesige Buche anders wahr. Sie ist ein Baum-Engel mit vielfach ausgebreiteten Flügeln. Hat nicht das Buchenholz aufgrund seiner charakteristischen „Spiegel" diesen einzigartigen Schimmer? Ich bete, dass die Buchen dem Klimawandel die Stirn bieten können.

Mit den Raunächten beginnt die Rückkehr des Lichts, sie hat bereits begonnen. Und als wollte er uns das demonstrieren, fliegt in diesem Moment ein Falke vom Wald her über die Wiesen, macht flugs kehrt und fliegt über die Wiesen zurück in den Wald. Und die Welt beweist Humor, schickt zur Bekräftigung zwei Sportler hinterher: Eine Joggerin in Lachsrosa joggt aus dem Wald herauf, ein Radler in Hellblau radelt in den Wald hinunter.

Ja, die Raunächte, die Rautage – meine Zeit.

Und zum Schluss fällt doch noch Schnee und legt sich sacht aufs weite Land. Für Sekunden stürzt ein Stückchen Horizont ins Weiß des Anfangs und der Berührbarkeit.

Das lange Warten

Februar 2021

Ich lege nach. Ein großes Buchenscheit wandert in den Schlund des kleinen Holzofens in der niedrigen, engen Küche, unserem Zentrum. Nun bollert er endlich. Das Häuschen friert in seinem alten Gemäuer, wir müssen es von innen her aufwärmen.

„Das Auto springt nicht mehr an." Du bringst die Kälte mit herein, bist gleich wieder weg, wirst wieder einmal die Batterie ausbauen und sie beim Nachbarn aufladen.

Obwohl ich im Sommer geboren bin, empfinde ich mich eher als Kind des Winters. Der zeigt uns zurzeit jedoch die frostige Schulter, ist launisch und ungemütlich. Allmählich überkommt mich ein Warten. Eine Erstarrung fast. Und jenes unsägliche Etwas hat seinen Griff noch nicht gelockert. Nie waren die Krähen so schwarz.

Durch alle Widrigkeiten hindurch zieht es uns zu unserem Weg. Anfangs Zuflucht, dann Vorfreude, jetzt Notwendigkeit. Der Wald erwartet uns. Seit Einbruch des Winters nehmen wir den geschützteren moosigen Seitenpfad, überdacht von ausladenden Tannenwedeln. Heimelig ist das. Der Igel nickt uns auch heute zu.

Wie geht Warten? Wir könnten ja zählen. Auf einer Strecke von 76 Metern zählen wir 57 Werke, darunter Kompositionen wie „Der Dirigent". Sie überdauern. Zumal sich hier niemand durchschlägt außer uns. Nur einmal stoßen wir auf zerwühlte Erde, die Fährte einer Wildschweinrotte.

Bei eisigem Ostwind zerre ich drei lange Stämmchen aus dem Dickicht, lege sie sternförmig übereinander, kürzere Äste kommen in die Zwischenräume. Der „Stern des Wartens" ist geboren. Du feierst zuversichtlich die „Auferstehung der Birke".

Jedes Mal, wenn wir nach getanem Werk den Wald verlassen, bleiben wir eine Weile stehen und lassen die Weite auf uns wirken. Haben wir jemals Wetter so bewusst wahrgenommen wie in den letzten Wochen? Wetter im Zeitraffer: Schneestürme, gleißendes Licht, graue Wolkenmauern, gelbe Himmel aus Saharastaub, Föhn, sprudelnde Wiesen, gefrorene Böden und ein Gehen wie auf Cornflakes. Wir fühlen uns den Prozessen in der Natur ungewohnt nahe. Weil es keine Ablenkung gibt, keinen Urlaub, kein Essengehen, keinen Fasching?

Auch heute lasse ich den Blick über die Hochebene schweifen. Ausgedehnte Schneeflächen in arktischer Schönheit. Blau an Blau, Blau am Himmel, Bläue im Schnee. Spuren, gezogen von Skiern und Traktoren, wie Energielinien der Erde, aus dem Verborgenen nach oben projiziert.

Und ich begreife, es gibt kein Warten. Die Erde bereitet sich vor. Ich spüre, welchen Respekt sie uns abverlangt. Sie braucht ihre Zeit. Warum drängen wir sie, wir Menschen?

Zu Hause schüre ich den Ofen. Denke an diesen Satz vor einigen Tagen. „Sie sind zu ungeduldig", hatte sie zu mir gesagt. Nein.

Ich lege nach. Das Feuer brennt. Draußen am Horizont erscheinen helle Streifen.

Grün

Ende März – Anfang April 2021

Heute stehen die Fichten Spalier und verströmen Glückwünsche. Die Stämmchen sind geschmückt, umwickelt mit Gräsern, Blättern, Moosen. Astwedel klatschen uns zu. Der Waldboden ein federnder roter Teppich. Der Specht klopft wieder, ein anderer lacht. Ein braunes Eichhörnchen kreuzt unseren Weg. Ein Riesengrauhase prescht durchs Gehölz, dreht uns im Davonhoppeln sein weißes Hinterteil zu.

Wir feiern doppeltes Jubiläum. Vor einem Jahr hatten wir unser Waldweg-Projekt gestartet – geplant. Und hatten geheiratet – spontan.

„Übermorgen, wenn Sie wollen", hatte es auf dem Rathaus geheißen. Wir wollten und taten es. Im ersten Lockdown, ohne Gäste, ohne Trauzeugen, ohne Ringe, ohne Frisur.

„Hä?", war keine unübliche Reaktion auf den Erhalt unseres selbstgeschossenen Hochzeitsfotos: ein Blick auf vier Füße in blankgeputzten schwarzen und grünen Schuhen. Falls je überhaupt, hatte ich immer in einem frühlingsgrünen Kleid heiraten wollen. In der Farbe besaß ich lediglich Sportschuhe. Wer konnte das wissen.

Als ich dereinst, vor langer Zeit, Herrn K. und Kater kennenlernte, bewies Kater einen siebten Sinn, indem er mich schlichtweg adoptierte. Er hielt „meinen" Küchenstuhl besetzt bis zum nächsten Besuch.

Ein ganzes Jahr auf unserem Weg.

Viele unserer Werke waren nicht von Bestand, aber dem wollen wir nicht hinterherhadern. Es sind Gestaltungen, die wir dem Wald angedeihen lassen und der Verwandlung anheimgeben. Mal verformen sie sich je nach Witterung, verbiegen und entbiegen sich. Und mal grinsen sie uns triumphierend an. Sind die eigentlich alle von uns? Oder vom Wald.

Dem Frühling ist das einerlei. Mit aller Kraft drängt er nun nach draußen, presst Zweigchen aus dem Boden, befiedert ihre Spitzen mit ersten Blättchen. Unaufhaltsam. Daran werden keinerlei Kapriolen, nicht einmal pfiffige Böen oder gewiefte Kältewellen, etwas ändern.

Ich bin jedoch kein Frühlingsmensch, werde von den überraschend emporschnellenden Temperaturen überfallen, von der Sonne, die sich langmacht, sich aufdrängt und das Weichgezeichnete überstrahlt. Verrückterweise liebe ich aber genau dieses Grün der aufplatzenden Buchenknospen und sich entrollenden Farnblätter.

Auf dem Heimweg werden wir heute eingegraupelt. Weiße Kügelchen auf Grün. Auch auf meinem Notizbuch hinterlassen sie Spuren. Im Westen bricht Licht durch die Wolken. Der Himmel weiß sich nicht recht zu entscheiden. Die Raben halten Rat.

Wir hatten uns entschieden. Auf dem Weg zum Rathaus wäre Kater neben uns her getrabt, hätte die zehn Minuten vor der Tür deutlich gewartet, wäre danach munter maunzend wieder mit nach Hause gegangen. Die Welt war in Ordnung, solange er vier Füße zählen konnte.

Er wäre das schwarz-weiße Knäuel gewesen zwischen schwarzen und frühlingsgrünen Schuhen. An jenem verrückten Gründonnerstag.

katedraale

Ende April 2021

...draale...takepak...kek kek... Unkoordinierte Laute schwirren mir durch den Kopf. Es ist also wieder passiert. Plötzlich steigen sie auf, irgendwelche Zeilen aus meinem früheren Sprechchor. Diesmal dreistimmig. Dem Simultangedicht „kaa gee dee“ von Kurt Schwitters enthüpft. Dada lässt grüßen.

Mit Schreibzeug und Matten ausgerüstet begeben wir uns heute in den Wald. Auf der Suche nach Muße. Allein schon der Anblick der blühenden Weiden am Weg ist eine Wohltat. Unweit findet sich ein Plätzchen. Wir sitzen. Das erste Mal. Ich lege Stift und Papier beiseite und höre dem Wald zu. Höre die Musik aneinanderstreichender Blätter und Zweige, überlagert vom Kek-Kek der Vögel. Simultan. Schwitters muss das Gedicht im Wald geschrieben haben.

Die Turbulenzen im Außen und Innen erforderten eine Auszeit. Die erste Impfung war glimpflich überstanden. Das vergangene Jahr hatte seinen Tribut gefordert. Erdrutsche und Verwerfungen, Abbrüche und Umbrüche, in jeder Hinsicht. Und gleichzeitig Stillstand. Aus dem die Sehnsucht nach Glauben keimte.

Auch die Kunst des Dada, geboren vor über 100 Jahren, war eine Antwort auf eine Zeit der Krisen. Altes zertrümmern, Neues erschaffen, zurückgreifen auf Laute, archaisch und anarchisch. Und aus dem sinnlos anmutenden Lautenurgrund erhebt sich ein Klangkörper, ...katedraale...

Ich schaue mich um. Der Grundriss unseres Platzes ähnelt dem eines Kirchenschiffs. Auf halber Höhe angeknickte Stämme bilden sowohl seitliche Pfeiler als auch das Gerippe eines Daches. Über uns spannt sich ein Gewölbe aus dichten Ästen. Sonnenstäubchen errichten flimmernde Fenster. Der Waldboden beherbergt Myriaden von staunenden Besuchern, die Buschwindröschen. Wir atmen heiligen Raum.

Dankbar machen wir uns ans Werk, umschlingen Zweige mit filigranen Ranken, lassen sie „Grüne Gebete“ sprechen. Und die blühenden Weidenkätzchen flackern wie Kerzen. Kandelaber säumen unseren Weg hinaus.

„Vorsicht!" Der kleine gescheckte Hund rennt wieder mitten auf der Straße, diesmal vor uns her. Bleibt ohne Vorwarnung sitzen. Wir halten, sitzen ebenfalls, im Auto. Er mustert uns. Wir mustern ihn. Ein keck gezwirbeltes Tuch ziert seinen Hals. Ich muss lächeln, winke.

Im selben Augenblick ereignen sich drei Dinge auf einmal: Zwei Wandererpaare bleiben lachend stehen, eins auf der rechten Straßenseite, eins auf der linken, uns gegenüber stoppt ein Auto. Hundchen ist somit der Mittelpunkt des Geschehens. Hundchen überlegt. Hundchen trottet fort. Wir fahren langsam an, hinter uns ein drittes Auto, die Wanderer setzen sich in Bewegung.

Es ist eindeutig Frühling. Denn er läuft wieder. Zwischen großem und kleinem Hof, seinem Revier.

Am Kirchturm verteidigen die Turmfalken ihren Nistplatz unterhalb der Uhr, die Krähen zetern Protest, zwei Schwalben zickzacken über die Häuser, erobern sich ihren Luftraum zurück. Ich tue es ihnen gleich, schicke Laute empor: Up! Up! Open Up!

Verheißung

Ende Mai 2021

Seit Tagen tobt der Wind, lässt Wald und Gras erzittern. Sogar die Eisheiligen ducken sich.

Und doch – etwas ist merkwürdig. Ich kann den Wind riechen, selten offenbart er sich so rein. Der Geruch hat einen Namen: „Verheißungsvoll".

Seltsame Dinge auch auf unserem Weg. Zwischen Himmel und Erde. Zwischen Traum und Wirklichkeit. Wo ist eigentlich der Pfosten mit der Tafel?

Mir träumt von einem Werk: „Dürres Blatt auf trockener Wurzel oder Wenn die Gondeln Trauer tragen". Aber die Dürre ist zweifellos vorbei. Ich ändere den Titel: „Wenn die Gondeln keine Trauer mehr tragen". Oder sollte ich das regional formulieren? Schließlich scheitere ich an der Übersetzung von „die" ins Schwäbische. Des ungeachtet verheißt der Traum: Es wird heller.

Kurz davor hatte sich auf unserem Weg ein freundliches Gespräch mit dem Mann vom Forstamt ergeben, zufällig. Wir bedauerten die neuerlichen Holzfällarbeiten, sie erinnerten an letztes Frühjahr, diesen Kahlschlag. Er klärte uns auf, die Fichten seien von Trockenheit und vom Borkenkäfer heimgesucht worden. Die Fichten, die im Herbst jäh braun geworden waren, von denen wir gedacht hatten, sie trauerten um ihre gefällten Baumgenossen? Ja, die. Und nein, der Mann hielt uns nicht für Spinner. Der Wald sei jetzt lichter, und die nächste Generation wachse schon nach. Land-Art machten wir? Aha.

Aus dem Holzabfall schnappst du dir vier Stecken und baust um eine Fichte herum das „Rundherumquadrat", daneben platziere ich eine Holzscheibe mit hakennasigem Profil: „Mister Wood".

Im Traum taucht alsbald „Ulf, die Ulme" auf. Wäre „Uwe" besser? Oder weiblich? Stille. Ein Blätterrascheln, ein Zweigeknacken, wie ein Hüsteln im Konzertsaal. Dann hebt das Konzert an mit dem Gesang von Ulf, der Ulme.

Real kommt es über den Wipfeln zum Streit der Giganten. Milan schwebt heran, Krähe krakeelt, schlägt ihn in die Flucht. Milan zieht Kreise, Falke und Bussard gesellen sich dazu. Und eine lärmende Maschine: Mann mit Rucksackmotor in Gleiter.

Wie oben so unten. Pferdegetrappel. Wenn die Kutsche über den Himmel fahren würde – so male ich mir aus –, müsste sie sich vor den Luftschlaglöchern in Acht nehmen. Denn noch immer tobt der Wind. Die Wiese bleibt auf der Erde, zirpt ohrenbetäubend.

Himmelswürze im Farbtopf Erde.

Buchengrüne Vorhänge bauschen die Waldränder. Weithin gelbüberschwemmte Felder. Der Raps kornblumenblaugetupft. Bald wird der Klatschmohn die Straßenränder befeuern. Und die Straßen werden sich beleben.

Dort am Straßenrand sitzt er heute. Beäugt uns. Der kleine gescheckte Hund. Unser Running Gag. Dem die Straße hier gehört, vor allem die Mitte. Sag mal, träume ich? Es gibt ihn in zwei Größen. Und welcher ist derjenige, welcher ...? Oder verheißt das doppeltes Vergnügen? Für wen?

Regenräume

Juni 2021

Ein kleiner Fleck auf dem Staub des Schotterweges. Ein zweiter. Ein unmerkliches Beben an der Spitze des Weidenblattes. Ein weiteres. Die Bauernrose erschauert. Ein rosa Blütenblatt gaukelt zu Boden.

Wir sehen den Regen, bevor wir ihn hören.

Hüpfende Tropfen. Von Blatt zu Blatt. Sie haben keinen Auftrag. Vielleicht ist es Fröhlichkeit. Die Espenblätter wanken. Als wollten sie abheben, fliegen.

Wir haben den Wald weitgehend für uns alleine. Heute wimmelt es von „Sommerregenspielen“: Unsere Schilfblattkreationen werden zu Kugelbahnen, auf denen die Tropfen übermütig abwärts kullern. Und auch wir werden übermütig und versetzen, mit viel Fingerspitzengefühl, Tropfen von einem Ort an einen anderen, einfach so.

Niederschlagende Tropfen. Auf Holz. Auf Stein. Auf meine Schuhe. Auf den Schirm. Plopp. Dumpf. Klar. Laut. Leise. Fett. Fein. Nie hoch oder tief. Es ist keine Melodie, die der Regen hervorbringt. Da ist niemand, der dirigiert. Es ist ein Stakkato von Tönen. Ungleichmäßig. Und doch, Regen klingt …

Regen erzählt nichts. Er ist da. Schafft Raum und Räume. Schafft Paradoxe. Der Regenraum erscheint zunächst als seltsam geschlossener Raum: Ein silbriger Nieselvorhang schiebt sich vor die Welt, ein fließender Kokon umhüllt mich. Und gleichzeitig dehne ich mich aus. Jede Pore, jede Zelle atmet auf. Regen. Ich bin ohne Begrenzung. Der Regenraum zerfließt, nach und nach und nach. Noch sind wir im Anfangsraum. Wir gehen über ins Wildere. Und das Land beginnt zu duften …

Nun trommelt der Regen die Wettergeister herbei, die Sommergewittergeister. Der Donner grollt, kaum vernehmlich, er sei weit weg. Wir haben noch Zeit. Begeben uns auf den Weg waldauswärts, lassen den Dschungel mit den schwarzglänzenden Baumsilhouetten hinter uns, schreiten hinaus in die helle Regenfreiheit …

… hinein in einen Raum ohne Unterschied. Ohne Differenzierung. Ohne Wolken. Unermesslich. Und die Erde kauert sich am Boden zusammen. Wir durchpflügen den Nicht-Raum. Unser Auto kennt den Weg zurück ins Dorf.

Zu Hause schaue ich aus dem Küchenfenster hinaus auf die Terrasse, auf die umliegenden Häuser. Der Wind bauscht das Regenkleid über die Dächer, die Wände und die Mauern entlang, ein Wasserkleid aus rauschendem transparentem Taft. Er tanzt mit dem Regen Tango.

An der Fensterscheibe verlaufen sich Wasserfasern, lange dünne und breite dicke.

Ich weiß, wenn der Himmel aufreißt, werden die Regenräume in sich zusammenfallen. Wenn die Sonne kommt, werden die Unterscheidungen, die Bewertungen zurückkommen. Die Sonne wird die Welt von Neuem zersplittern. Und ich werde schrumpfen.

Aber noch verweilt ein letzter klitzekleiner Tropfen an der Scheibe. Er enthält die ganze Sonne.

Maismädchen und Co.

Ende September 2021

„Wo wart ihr so lange?"

Die Frage schneidet über die Stoppelfelder. Strohgelbe Meere mit Sonnenblumeninseln des Dankes. Darüber kreist ein Milan, zieht hinweg in Richtung Maisfeld. Dort erwartet uns ein grüner Wall. Dahinter hocken sie, die Maismädchen mit ihren zauselig rotblonden Haaren, wild und verwegen, wetzen die Klingen ihrer grünen Blattschwerter, recken ihre rostigen Rispen-Lanzen in die Höhe. Und noch einmal:

„Wo wart ihr?"

„Am See. Weg von den Mücken hier."

Doch diese Kriegerinnen der Wahrheit kennen mich, wissen, dass ich mich nur vor der letzten Wege-Geschichte drücke. Ist es ein Ende?

Der Anfang, März 2020: Was würde der Weg mit uns machen? Er entsperrte Körper, Seele, Geist und Phantasie … Und wir gaben ihm zurück, was er uns gab, schufen Verbindungen, steckten Birke auf Kirsche, drapierten Steine auf Ästen, banden Gräser in Zweige, nannten sie tanzende Derwische … Und der Wald füllte unseren Steinkreis mit Zapfen … Ein lebendiges Abenteuer. Gelebte Vision.

„Unspektakulär spektakulär", sagt Bernd. Er hat den Weg zu unserem Schlupfwinkel gefunden, im südöstlichen Zipfel des Schwäbischen Waldes. Jetzt bin ich sogar ein wenig sprachlos, wenn ich mir vergegenwärtige: Meine Notizen wurden zu Geschichten, die Geschichten fanden Leser, und einer, Leser und Autorenfreund, ist heute hier als ein begeisterter und achtsamer Besucher. Er schaue beim Spazierengehen ebenfalls gern in Hinterhöfe, erzählt Bernd. Das gefällt mir. Es beginnt die Führung durch den Hinterhof des Waldes:

Eintritt der Drei durchs Schattentor. Unauffällig flankiert von den Zweigeskulpturen „Gewunden" und „Fragiles Miteinander". Welche Figuren sind noch da? Der Igel natürlich und der Druide des Steinkreises. Ich sehe auch die, die nicht mehr da sind, die Mäusediva, den Emu. Heute entstehen die Objekte „Pergamentblatt" und „Astarmreif aus Zwiebelschalen".

409 Werke an 204 Tagen.

Wir erreichen den Punkt, an dem alles begann. Der Eingang zu den grünen Wesen existiert noch. Der Wald wispert. Brennesselhänge verströmen würzigen Duft. Eine Stinkmorchel schwingt ihr Tüllkleid. Eine fette rote Schnecke zieht ihre Spur. Wenn ich Schnecke wäre, würde ich allemal in den Wald ziehen. Denn der Wald hetzt nie. Irgendwo höre ich den Magier des Herbstlandes mit der Wolkenschieberin tuscheln. Und der Specht klopft sowieso, irgendwo. In der Tiefe murmelt der Bach.

Bernd stellt den „Träumer" auf. Werk 410.

Mondhell beleuchten silbrige Baumflechtengewänder unseren Rückweg. Zum Schluss geht es hinaus in die Sonne, vor uns Wiese und Maisfeld, darüber der Himmel.

Der Rote Milan begleitet uns ein Stück. Wie der Ruf der Maismädchen wird auch er nächstes Jahr zurückkehren. Oder harrt er aus, trägt uns über den Winter? Dieser Drache unter den Greifvögeln. Wagt den großen Wurf.

Brigitte Hieber

Ich lebe mit meinem Mann in Süddeutschland auf dem Land, lese Bücher, liebe Buchenblätter im Schnee, das Unterwegssein und das Innehalten. Veröffentlichte Bücher: „Raum für Magie", Life is a story, 2020 | „Die Eulin. Geschichten von Vogelfrauen und anderen Lebenskünstlerinnen", 2015 | „Das Geheimnis der Hände. Das Camille-Claudel-Bilderbuch", Esslinger Verlag Schreiber, 1992

Brigitte Hieber schreibt auf

www.story.one

schreib's auf
story.one

Faszination Buch neu erfunden

Viele Menschen hegen den geheimen Wunsch, einmal ihr eigenes Buch zu veröffentlichen. Bisher konnten sich nur wenige Auserwählte diesen Traum erfüllen. Gerade mal 1 Million Autoren gibt es heute – das sind nur 0,0013% der Weltbevölkerung.

Wie publiziert man ein eigenes story.one Buch? Alles, was benötigt wird, ist ein (kostenloser) Account auf story.one. Ein Buch besteht aus zumindest 12 Geschichten, die auf story.one veröffentlicht und dann mit wenigen Clicks angeordnet werden. Und durch eine individuelle ISBN kann jedes Buch dann weltweit bestellt werden.

Jede lange Reise beginnt mit dem ersten Schritt – und dein Buch mit einer ersten Story.

Wo aus Geschichten Bücher werden.

#storyone #livetotell

FSC
www.fsc.org
MIX
Papier | Fördert gute Waldnutzung
FSC® C083411

Zeitfracht Medien GmbH
Ferdinand-Jühlke-Straße 7
99095 Erfurt, Deutschland
produktsicherheit@kolibri360.de